BEI GRIN MACHT SICH IHR WISSEN BEZAHLT

Bibliografische Information der Deutschen Nationalbibliothek:

Die Deutsche Bibliothek verzeichnet diese Publikation in der Deutschen National-
bibliografie; detaillierte bibliografische Daten sind im Internet über http://dnb.d-
nb.de/ abrufbar.

Impressum:

Copyright © 2017 GRIN Verlag
Druck und Bindung: Books on Demand GmbH, Norderstedt Germany
ISBN: 9783668953628

Dieses Buch bei GRIN:

https://www.grin.com/document/476726

Luca Maurer

Motive in Kafkas Werken. Biographische Referenzen und deren Umsetzung in "Kafkas Träume"

GRIN Verlag

GRIN - Your knowledge has value

Der GRIN Verlag publiziert seit 1998 wissenschaftliche Arbeiten von Studenten, Hochschullehrern und anderen Akademikern als eBook und gedrucktes Buch. Die Verlagswebsite www.grin.com ist die ideale Plattform zur Veröffentlichung von Hausarbeiten, Abschlussarbeiten, wissenschaftlichen Aufsätzen, Dissertationen und Fachbüchern.

Besuchen Sie uns im Internet:

http://www.grin.com/

http://www.facebook.com/grincom

http://www.twitter.com/grin_com

Motive in ausgewählten Werken Franz Kafkas:

biographische Referenzen und deren Umsetzung in

„Kafkas Träume"

Eine Facharbeit im Leistungskurs Deutsch

vorgelegt von

Luca Dustin Maurer

am 24.05.2017

Schuljahr 2016/2017

Kurzfassung

Die vorliegende Arbeit geht der Fragestellung nach, inwiefern die motivische Gestaltung Franz Kafkas in den Erzählungen „Das Urteil" und „Die Verwandlung" das Werk des Autors im Bezug auf biographische Elemente widerspiegelt. Ziel ist dabei nicht etwa, biographische Bezüge im Werk selbst darzulegen, sondern diese explizit mit den angeführten Motiven zu verknüpfen und anschließend herauszustellen, welches das für Kafkas Erzählungen wichtigste Motiv ist.

Im Fokus der Ausarbeitung stehen hierbei das Motiv der Metamorphose, das Motiv von Schuld und Strafe, das Bettmotiv und der Vater-Sohn-Konflikt als Kernmotiv in Kafkas Gesamtwerk. Die Ausarbeitung des Bettmotivs stellt dabei primär eine Vernetzung der Motive innerhalb der Arbeit dar und steht in keiner direkten Relation zu Kafkas Biographie. Während im Motiv der Metamorphose die äußere Handlung im Fokus steht, bespiegelt die Auseinandersetzung mit der literarischen Tradition des Strafmotivs die Mentalität der jeweiligen Handlungsträger. Der Vater-Sohn-Konflikt wird im Verlauf der Arbeit in Verbindung mit den einzelnen Motiven verflochten und in den biographischen Kontext eingebettet. Im Konnex mit der Entwicklung desselben unter gendertheoretischer Perspektive wird das Motiv des Vater-Sohn-Konfliktes als solches in seiner Multifunktionalität definiert.

Die anschließende Verknüpfung mit Der Ws *Kafkas Träume* führt die erwähnten Motive schließlich zusammen und bettet Franz Kafkas Wirken als Schriftsteller in die heutige Zeit ein.

Inhaltsverzeichnis

Zweifellos gilt Franz Kafka als einer der bedeutendsten und kontroversesten Schriftsteller seiner Zeit. Während die meisten seiner Werke erst posthum der literarischen Öffentlichkeit zuteilwurden, brachte der Höhepunkt seines Schaffens zu seinen Lebzeiten bereits einige Erzählungen hervor, die heute mit großer Ambivalenz rezipiert werden und dem Kanon der Weltliteratur angehören. Ziel dieser Arbeit ist es, die beiden Erzählungen *Das Urteil* (1913) und *Die Verwandlung* (1915) im Zuge einer aspektorientierten Analyse ausgewählter Motive, verknüpft mit autobiographischen Entsprechungen, in Einklang zu bringen und die Signifikanz der angewandten Motivik kohärent im Werk zu positionieren. Anschließend werden die Ergebnisse in den Kontext der musikalischen Adaption *Kafkas Träume* eingebettet und anhand inhaltlicher Bezüge erörtert. Das literarische Motiv als sinnstiftendes, in sich einheitliches und wiederkehrendes Element der Diegese wird hierbei stets im Zentrum der Ausarbeitung stehen.

Da eine umfassende, präzise Untersuchung beider Werke den formalen Rahmen dieser Arbeit sprengen würde, wird *Das Urteil* vorwiegend als Referenzmaterial zur differenzierteren Betrachtung angeführt, während der Fokus sich auf *Die Verwandlung* richtet.

Die Wahl des Themas wurde aus persönlicher Motivation heraus getroffen.

Kafkas *Urteil* reflektiert die Geschichte von Georg Bendemann, einem erfolgreichen, jedoch zaghaften Kaufmannssohn, der nach dem Tod seiner Mutter die Pflege und das Geschäft seines kranken Vaters übernimmt. Angesichts seiner Verlobung ist Georg im Begriff, einem entfremdeten Freund in Russland nach einigem Zögern seine Hochzeitspläne zu verkünden und seinem Vater von dem Vorhaben zu berichten. Im Gespräch offenbart dieser, dass er selbst in reger Korrespondenz mit dem Freund steht und ihn fortlaufend über alle Ereignisse im Hause Bendemann unterrichtet hat. Daraufhin entbrennt ein Streit zwischen Vater und Sohn, der im Suizid des Sohnes mündet.

Die Verwandlung verweist sowohl strukturell als auch inhaltlich auf Parallelen zum früher erschienenen *Urteil* und rückt die beiden Erzählungen somit in einen sich ergänzenden Nexus. Handlungsträger der 1915 erschienenen Erzählung ist Gregor Samsa, ein reisender Tuchhändler, der sich eines Morgens zu einem Ungeziefer verwandelt in seinem Bett wiederfindet und so eine nachhaltige Wende der Familiendynamik auslöst. Der aus der prekären Situation erwachsene Kampf zwischen Vater und Sohn spitzt sich im Laufe der Handlung immer weiter zu, sodass Gregor am Ende verwahrlost und schwach aufgibt und schließlich stirbt. Während die Zeitspanne der Erzählung im *Urteil* lediglich ein paar Minuten beträgt, überdauert die Leidensgeschichte der Familie Samsa mehrere Monate.

1. Motivik in Kafkas literarischen Werken

1.1 Motiv der Metamorphose - Regression des Protagonisten

Unlängst ist in der Forschungsliteratur zu Franz Kafka die Annahme einer nicht nur physischen Metamorphose des Protagonisten, sondern auch einer metamorphischen Überführung der Familie in diametrale Verhältnisse allgegenwärtig. Die Familie Samsa, welche zu Beginn der Erzählung noch von den beruflichen Erzeugnissen des Sohnes getragen wird, gerät durch Gregors Verwandlung unmittelbar in eine Situation, welche ein radikales Umdenken erfordert. So verwandelt sich der Vater vom kranken, müden Mann und Nutznießer der Familie[1] zum arbeitstüchtigen Versorger (vgl. V 49f.). Die Schwester, welche zu Beginn noch für Gregors Wohlbefinden sorgt und deren Lebensweise „daraus bestanden hatte, sich nett zu kleiden, lange zu schlafen [...] und vor allem Violine zu spielen" (V 39), verwandelt sich im Laufe der Erzählung zu seiner erbittertsten Feindin und Verbündeten des Vaters (vgl. V 64f.). Auch die Mutter übernimmt berufliche Verantwortung für die Familie, indem sie „feine Wäsche für ein Modengeschäft" (V 52) näht. Mit jeder dieser Verwandlungen geht eine Stärkung der Machtposition im Beziehungsgefüge der Familie einher[2]. Die Familie Samsa transmutiert zu einem familiären Ideal, das durch den beruflichen Ehrgeiz und die inzwischen „zu einem schönen und üppigen Mädchen aufgeblüht[e]" (V 72) Tochter wieder gesellschaftsfähig ist, während Gregor zu einem Ungeziefer, einem Schädling degradiert wird und „krepiert" (V 68).

Der Regressionsprozess Gregors ist mit seiner Verwandlung zum Käfer jedoch keinesfalls abgeschlossen, der regressive geistige Verwandlungsprozess setzt erst nach der Metamorphose ein. So ist Gregor zu Beginn der Erzählung noch imstande, sich halbwegs verständlich zu artikulieren und versucht, seine neue Gestalt gemäß der ihm gewohnten menschlichen Physis zu beherrschen, woran er jedoch scheitert (vgl. V 12-14). Seine Artikulationsfähigkeit verliert er augenscheinlich erst im Laufe des sukzessiven Regressionsprozesses; während er zunächst wirkungsvoll versucht „seiner Stimme [durch die sorgfältige Aussprache und lange Pausen] alles Auffällige zu nehmen" (V 12), erkennt der Prokurist später seine „Tierstimme" (V 21). Darüber hinaus fühlt Gregor sich unter dem engen Kanapee „gleich sehr behaglich" (V 32) und das Kriechen an den Zimmerwänden empfindet er als natürlich (vgl. V 42). Auch sein Appetit auf Verdorbenes (vgl. V 33f.), die geradezu hypnotische Anziehungskraft der Musik[3] und der Verlust von Scham (vgl. V 46f.) verweisen auf eine Hinwendung zum Käferdasein und die damit verflochtene Regression des Helden[4].

Ähnlich wie in der *Verwandlung* stellt Kafkas *Urteil* ebenfalls eine Umkehr der Macht-verhältnisse zu Ungunsten des Sohnes dar: Indes der Vater zu Beginn der Erzählung noch in seinem „schwere[n] Schlafrock"[5] Zeitung zu lesen pflegt (vgl. auch V 23) und über seine schwindende Geistesstärke klagt[6], erhebt er nach der Revelation seiner Ab-sichten und dem Wortgefecht mit Georg seinen Anspruch als „Riese" (U 12) und rich-tet den Sohn zugrunde[7].

Mit dieser Inversion des Machtgefüges geht freilich ebenfalls eine Regression des Pro-tagonisten einher. Georg Bendemann agiert passiv, zieht sich zurück (vgl. U 17), „macht[ ] Grimassen, als glaube er das nicht" (U 18) und gibt sich unverständlichen Gedankenspielen hin (vgl. U 18), während auch er gleichsam seine Stimme verliert[8]. Das auferstandene „Schreckbild seines Vaters" (U 16) degradiert ihn zum viel Kleine-ren, zum Kind und schließlich zum Todgeweihten. Das Erstarken des Vaters steht in beiden Erzählungen in unmittelbarer, sich bedingender Korrelation zur Degradation des Sohnes.

Das Motiv der Metamorphose, oder im engeren Sinne das Changieren zweier diametra-ler Zustände, spiegelt sich über Franz Kafkas schriftstellerische Existenz hinaus auch in seiner Biographie wider.

Zeit seines Lebens hat Kafka versucht, der väterlichen Gewalt zu entfliehen[9] und sich in ein anderes Leben zu flüchten. Den Wunsch nach einer einschneidenden Veränderung macht er dabei an einer Heirat fest, wie er vermehrt im *Brief an den Vater* zum Aus-druck bringt: „In Wirklichkeit aber", so schreibt er, „wurden die Heiratsversuche der großartigste und hoffnungsreichste Versuch Dir zu entgehn [sic], entsprechend großartig war dann allerdings auch das Misslingen."[10]. Das Scheitern seiner Beziehungen bezieht er dabei primär auf seine eigene „geistig[e] [U]nfähig[keit]" (B 497), die sich in der Erziehung des Vaters dergestalt widerspiegelt, dass indoktrinierte „Beschämung, Müdigkeit, Schwäche [und] Schuldbewusstsein" (B 477; Herv.: L.M.) das Selbstwertge-fühl des Sohnes zugrunde gerichtet haben. Nach der Bekanntgabe der Verlobung mit Julie Wohryzeck 1919 habe Hermann Kafka in etwa zu seinem Sohn gesagt: „Sie [Julie] hat wahrscheinlich irgendeine ausgesuchte Bluse angezogen […] und daraufhin hast Du Dich natürlich entschlossen sie zu heiraten" (B 495f.), was mit der Aussage des Vaters im *Urteil* korrespondiert (vgl. U 17). Die „positiven Kräfte" (B 492), die Kafka aus der Hoffnung auf Selbstverwirklichung und Autonomie schöpft, unterliegen schließlich den „negativen Kräfte[n]" (B 492), die als „Mitergebnis [der väterlichen] Erziehung […] einen Kordon zwischen [Kafka] und der Heirat [ziehen]." (B 492).

Die angestrebte Ebenbürtigkeit (vgl. B 498) bleibt schließlich ein nicht erfüllbarer Wunsch, eine naive Hoffnung, die in Perspektivlosigkeit und „grenzenlose[m] Schuldbewusstsein" (B 484) mündet[11].

1.2 Schuld und Strafe

Ungewöhnlich an Gregors Schicksal ist, dass das Geschehene in keinster Weise rationalisiert wird, die Verwandlung des Sohnes wird weder hinterfragt noch umzukehren versucht. Die Darstellung einer Degradationsmetamorphose als Vergeltungsakt hat sowohl in literarischer als auch in religiös-mythologischer Tradition einen langen kulturellen Wert. Schon bei Ovids *Metamorphoseon libri* gilt die Verwandlung mythologischen Ursprungs mitunter als eine von göttlicher Macht erzwungene Erniedrigung, die oftmals gleichermaßen in einem Verlust von Mobilität, Artikulation und Geistesstärke mündet[12]. Im Gegensatz zu den Metamorphosen des Ovid, die den Akt der Verwandlung und die unmittelbaren Folgen schildern, setzt Kafkas Erzählung erst nach der Verwandlung ein, was den Fokus auf das Verwandlungsopfer Gregor und die folgenden Episoden der Familieninteraktion legt.

In literarischer Tradition einer Degradationsmetamorphose steht auch die Gattung des Märchens, Beispiele hierfür wären unter anderem *Der Froschkönig oder der eiserne Heinrich* und *Die sieben Raben* der Brüder Grimm. Monika Schmitz-Emans beschreibt Kafkas *Verwandlung* als einen „in die Realität dringenden Alptraum"[13], weist zugleich aber auch auf Parallelen zu „märchenhaften Verwandlungen"[13] hin. Sie setzt *Die Verwandlung* mit Märchen in Beziehung, in denen der Protagonist eine weibliche Partnerin hat, die ihn zu entzaubern vermag und macht diese Funktion an Gregors Schwester Grete fest, welche ihn schließlich jedoch verrät und der Erzählung durch diese Inversion so ihre Präzision verleiht[14]. Gregors Schwester nimmt zwar eine Rolle größter Signifikanz in der Erzählung ein, ist aber unqualifiziert Gregor zurückzuverwandeln, da der Urheber der Verwandlung, konträr zu den von Schmitz-Emans angeführten Märchen *Der Froschkönig oder der eiserne Heinrich* und *Die Schöne und das Biest*, nicht genannt wird. Schmitz-Emans verweist durch ihren Vergleich weiterhin auf eine Liaison, die Schwester und Sohn im Verlauf der Handlung eingehen müssten, jedoch ist Gegenteiliges der Fall; Grete wendet sich von Gregor ab und diffamiert ihn ganz und gar als unmenschlich (vgl. V 64f.).

Nun kann man der *Verwandlung* zwar auch einige märchentypische Elemente entnehmen, wie etwa die Degradationsmetamorphose als literarisches Motiv und die darauffolgende existenzielle Krise des Helden, das obligatorische Tiermotiv, die Dualität von Gut und Böse, dargestellt durch den innerfamiliären Konflikt, als klassisches Märchen kann die Erzählung jedoch nicht gelten. Während in Märchen meist eine Rückverwandlung der Kreatur stattfindet, fehlt diese in der *Verwandlung* gänzlich und der Protagonist „krepiert" (V 68) stattdessen; das märchentypische glückliche Ende der Erzählung bleibt aus. Die Lage wird durch die Inversion der Machtverhältnisse innerhalb der Familie zu einer für den Helden unüberwindbaren Prüfung, an der er schließlich zugrunde geht.

Eine mögliche Anspielung auf Leopold von Sacher-Masochs Novelle *Venus im Pelz* (1870)[15] spiegelt im Hintergrund der Kafka'schen Darstellungskunst den Ausdruck von Schuld und Selbstbestrafung wider. In der *Verwandlung* heißt es „Über dem Tisch […] hing das Bild, […] [e]s stellte eine Dame dar, die, mit einem Pelzhut und einer Pelzboa versehen, aufrecht dasaß und einen schweren Pelzmuff […] dem Zuschauer entgegenhob." (V 9). Die sexuelle Konnotation dieses Satzes ist kaum zu übersehen. Das Bild der Dame im Pelzmantel steht, auch im Hinblick auf Kafkas Korrespondenz mit Felice Bauer, figurativ für Gregors voluptuöses Verlangen und seinen Wunsch nach Zweisamkeit[16], der aufgrund seines Schicksals jedoch (auch vor der Verwandlung) unerfüllbar zu sein scheint. Dennoch versucht Gregor rigoros, an diesem festzuhalten: Nach diversen Säuberungsaktionen entschließen die Mutter und Grete, Gregor das Kriechen durch ein Entfernen der Möbel zu erleichtern. Gregor versucht daraufhin verzweifelt, sich wenigstens das Bild der Dame im Pelz zu bewahren (vgl. V 46f.), was dessen hohen Stellenwert zum Ausdruck bringt. Verknüpft man diese Episode mit Sacher-Masochs Novelle, so wird ein Zusammenhang deutlich; Severin, von seiner Herrin erhält er den Namen Gregor, verliert sich im Laufe der Novelle zwischen Liebe und Leid. Er ersehnt und verabscheut das Bestraftwerden zugleich. In ähnlicher Weise empfindet Gregor Samsa die Ambivalenz zwischen der platonischen Liebe zu seiner Familie und seinem Leid[17]. Im *Brief an den Vater* schreibt Kafka immer wieder von einem „Schuldgefühl" (B 470; 478) oder häufiger: „Schuldbewusstsein" (B 473; 475; 477; 484f.), welches ihn fortwährend durchläuft. Im literarischen Kontext der *Verwandlung* könnte diese autobiographisch begründete Schuld, welche sich auch in der „Schuld der Eltern" (V 11), später der „Schuld des Vaters" (V 38), widerspiegelt, die Gregor noch immer abbezahlen muss und die ihn daran hindert, selbständig zu werden (vgl. V 10f.), für Gregor die Rechtfertigung seiner Strafe darstellen. Denn hinterfragt hat er seine Verwandlung nur marginal. Hartmut Binder beschreibt die Verwandlung Gregors in seinem Buch *Motiv und Gestal-*

tung bei Franz Kafka als „Folge unmenschlicher Lebensbedingungen, ein[en] Vorgang also, der die verfehlte Existenz[18] nun auch äußerlich sinnfällig macht"[19]

Im *Urteil* ist nicht nur die Regression Georgs, sondern auch der Strafvollzug mit der Inversion des Machtgefüges verflochten, was beide Motive unweigerlich in denselben Sachzusammenhang rückt. Die Verwandlung des Sohnes zum Devastierten und dessen durch den Vater angekündigte Strafe ergänzen sich zu einem homogenen Aspekt der motivischen Gestaltung. Bestraft wird Georg Bendemann für sein verfehltes Leben[20]; er habe den Freund verraten, das Andenken seiner toten Mutter geschändet und die Krankheit seines Vaters ausgenutzt, um das Geschäft an sich zu reißen (vgl. U 17). ebenso wie in der *Verwandlung* wird er von seinem Vater zugrunde gerichtet (vgl. U 19), wenn dies auch in beiden Fällen nicht direkt geschieht[21]. Während Georg selbst derjenige ist, der das Urteil des Vaters vollstreckt und Suizid begeht[22], erliegt Gregor Samsa in der *Verwandlung* gegen Ende seinen Verletzungen. In beiden Fällen wird der Vater zumindest scheinbar von jeglicher Schuld freigesprochen.

1.3 Das Bettmotiv

Das Bett hat in Kafkas literarischen Werken stets eine symbolhafte Sonderrolle eingenommen, es steht laut Gerhard Kurz „leitmotivisch [für den] Ort des Todes und der Wiedergeburt, der Wahrheit und der Offenbarung"[23], zugleich spiegelt es Krankheit und Schwäche wider. Im *Urteil* stellt das Bett ebendiesen Zustand dar; zentrale Handlungen erfolgen stets in unmittelbarer Nähe des Bettes, dabei wird diesem zugleich eine Schlüsselfunktion zugesprochen, die das Zusammenspiel von Leben und Tod darstellt. Dass der Vater im *Urteil*, der „[noch nicht] zugedeckt" (U 16) ist, und der Sohn, der „das Bettzeug besser um ihn [legt]" (U 16), hier im übertragenen Sinne einen tödlichen Machtkampf eingehen[24], bestärkt Kurz' These. In dem Szenario steht das Bett leitmotivisch für den Tod Georgs und die Wiedergeburt des Vaters. Die Szene am Bett des kranken Vaters läutet nachhaltig eine Inversion der Machtverhältnisse ein und stellt im Kontext der Erzählung das Moment größter Spannung dar. Die enorme Gewalt des Vaters wird durch die Bettdecke, die sich „im Fluge ganz entfaltete" (U 17) und den darauf folgenden Passus zum Ausdruck gebracht: „Du wolltest mich zudecken, das weiß ich, mein Früchtchen, aber zugedeckt bin ich noch nicht. Und ist es auch die letzte Kraft, genug für dich, zuviel für dich." (U 17; Herv.: L.M.). Der Vater, der nach diesem letzten

9

Kraftakt mit voller Gewalt zurück „aufs <u>Bett</u> stürzt[ ]" (U 19; Herv.: L.M.), wird hierbei mit dem sterbenden Sohn gleichgesetzt[25].

Auch im Sachzusammenhang der *Verwandlung* ist das Motiv des Bettes (ersatzweise des Kanapees) ein zentrales Thema der Deutung. Nach seiner Verwandlung erwacht, findet sich Gregor in seinem Bett wieder, aus dem er sich gar nicht mehr recht zu befreien weiß (vgl. V 13f.). Er verkörpert ebenso wie der Vater im *Urteil*, der sich zu Beginn der Erzählung noch im „Schlafrocke" (U 12) befindet, zu diesem Zeitpunkt das Bild des trägen, kranken und hilfsbedürftigen Mannes. Die im Kontext literarischer Metamorphosen angesprochene Degradationsmetamorphose lässt sich gleichermaßen mit dem Bettmotiv vereinen; der Übergang vom Bett zum Kanapee steht in der *Verwandlung* leitmotivisch für die Umkehr der Machtverhältnisse innerhalb der Familie, ausgelöst durch Gregors Verwandlung. Dass er sich unter dem Kanapee jedoch „gleich sehr behaglich" (V 32) fühlt, scheint auf ein langsames Abfinden mit seiner Situation hinzudeuten oder den fortschreitenden (auch geistigen) Verwandlungsprozess Gregors und die damit einhergehende Regression des Protagonisten[26].

<u>1.4 Entwicklung des Vater-Sohn-Konfliktes - Gender Studies</u>

Im Verlauf der Arbeit sind die Kernaspekte des Vater-Sohn-Konfliktes bereits eruiert und in den biographischen Kontext eingebettet worden, weshalb die folgende Rubrik die Entwicklung desselben in den Fokus rückt.

Der Kampf zwischen Vater und Sohn zeichnet sich im Gesamtkontext der *Verwandlung* durch drei beziehungsweise vier Entwicklungsphasen aus[27].
Die Ausgangssituation, noch bevor die Erzählung einsetzt, ist die durch den beruflichen Erfolg gegebene Dominanz des Sohnes, welche nach seiner Verwandlung zu Gunsten des Vaters annulliert wird. Gregor hat nach dem geschäftlichen Misserfolg seines Vaters gewissermaßen dessen Platz in der Familie einnehmen müssen, während jener vergreist und jegliche Verantwortung ablegt. Der Sohn ist durch die Versorgerrolle, die er in der Familie übernimmt, unverzichtbar und somit dem Vater, der „gar nicht recht imstande war, aufzustehen" (V 49) deutlich überlegen. Die zweite Phase tritt unmittelbar nach Gregors Verwandlung ein. Die Hierarchie in der Familie durchläuft einen Wandel, die Beziehung zwischen Vater und Sohn bleibt dabei weiterhin durch Distanz und Kühle gekennzeichnet. Fast scheint es, als würde Gregors Vater die prekäre Situation missin-

terpretieren; rigoros hält er an der Schuld des Sohnes fest und macht ihn selbst für seinen Zustand verantwortlich. Wenngleich er von Gregors verwandelter Gestalt zu diesem Zeitpunkt noch nichts weiß, nimmt er bereits kurz nach der vagen Erkundigung nach dessen Befinden wieder Platz am Frühstückstisch, während Grete und die Mutter besorgt auf eine Erklärung insistieren (vgl. V 12). Auch im Dialog mit dem Prokuristen nimmt der Vater zunächst eine passive Rolle ein. Die Phasen der Entwicklung weisen dabei keine vollkommen definierten Grenzen auf und gehen zum Teil ineinander über. Die nachträgliche Besinnung des Vaters (vgl. V 52) verweist auf eine komplexe Vernetzung der verschiedenen Stadien. Erst im späteren Verlauf der Erzählung wird der Konflikt zwischen Vater und Sohn offen ausgefochten. Dieser Umschwung stellt die dritte und letzte Entwicklungsphase des Beziehungsgefüges dar, welche in der zurückgewonnenen Dominanz des Vaters und der vollständigen Vernichtung Gregors resultiert. Durch das Kontrastieren der väterlichen Attribute vor und nach der Verwandlung illustriert Kafka das Erwachen des Vaters, gipfelnd in der Frage Gregors „war das noch der Vater?" (V 49) und dem darauffolgenden Passus. Sein Blick „[dringt] frisch und aufmerksam hervor" (V 49), erfasst Gregor und richtet ihn. Die Dominanz des Vaters wird durch das Hinaufschauen des Sohnes auf die „Riesengröße" (V 50) des Vaters, beziehungsweise seiner Sohlen, nun auch äußerlich sinnfällig. Die Klimax väterlicher Gewalt stellen der Apfelwurf und die daraus resultierenden Verwundungen des Sohnes dar, die bildhaft auch für den seelischen Schmerz Gregors stehen können, an dem er schließlich zugrunde geht.

Strukturelle und inhaltliche Entsprechungen im *Urteil*[28] legen einen Vergleich der konfliktären Entwicklung beider Erzählungen nahe. So ist auch die Beziehung zwischen Georg Bendemann und seinem Vater als ein innerfamiliärer Machtkampf gestaltet, der im Freitod des Sohnes und der Erhebung des Vaters endet. In beiden Fällen wird der Sohn, wenn auch nur indirekt, vom Vater niedergestreckt. Georg wird zum „Tode des Ertrinkens" (U 19) verurteilt, in der *Verwandlung* hingegen stellt der Apfelwurf des Vaters als Höhepunkt der väterlichen Gewalt die Verurteilung des Sohnes dar. Auch die drei Entwicklungsstufen der Vater-Sohn-Beziehung spiegeln sich phasenverschoben im *Urteil* wider. Dass der Vater in beiden Erzählungen nie namentlich erwähnt wird, bringt erneut dessen Superiorität im Beziehungsgefüge der Familie zum Ausdruck[29].

Das Motiv des übermächtigen Vaters und aufbegehrenden Sohnes ist zudem der wohl dominanteste Aspekt, betrachtet man sich Kafkas Biographie in Relation zu seinem Wirken als Schriftsteller. Im *Brief an den Vater* schreibt er „Mein Schreiben handelte von Dir, ich klagte dort ja nur, was ich an Deiner Brust nicht klagen konnte." (B 488) und betont damit freilich den biographischen Bezug seiner Texte. Dass er, Franz, laut eigener Aussage, dem Kafka'schen Ideal überhaupt nicht entspricht, konvergiert mit den Attributen des verwandelten Gregor in der *Verwandlung*. An seinen Vater schreibt er: „[Im Gegensatz zu mir bist Du] ein wirklicher Kafka an Stärke, Gesundheit, Appetit, Stimmkraft, Redebegabung [...]" (B 463). Dass Gregor krank (vgl. V 52; 10), appetit- (vgl. V 58) und stimmlos ist, entspricht demnach im Wesentlichen den Attributen, die Kafka sich selbst zuspricht.

Einen möglichen Ausweg aus der prekären Vater-Sohn-Beziehung hätte laut eigener Aussage Kafkas das Judentum darstellen können:

> „Ebenso wenig Rettung vor Dir fand ich im Judentum. Hier wäre ja an sich Ret-
> tung denkbar gewesen, oder noch mehr, es wäre denkbar gewesen, dass wir uns
> beide im Judentum gefunden hätten oder dass wir gar von dort einig ausgegan-
> gen wären." (B 484f.)[30]

Diese potenzielle Einigung im Judentum demonstrieren in der *Verwandlung* potenziell die drei Untermieter, die nach Gregors Verwandlung zum zusätzlichen Geldverdienst der Familie ein Zimmer beziehen. Deren einziges von Gregor beschriebenes äußeres Merkmal ist der von allen drei getragene üppige Vollbart (vgl. V 58), was dem Stereo-typ des orthodoxen Juden entspricht. Dass die Zimmerherren jedoch keine Kompensati-on des prekären Zustandes darstellen, sondern diesen gar in seine Klimax führen (vgl. V 64f.), korrespondiert mit dem gescheiterten Versuch Kafkas, im Judentum eine gemein-same „Rettung" (B 484) zu finden.

Um das Motiv des Vater-Sohn-Konfliktes in seiner Vielschichtigkeit konstatieren zu können, ist es notwendig, dieses in Relation zu den Frauenfiguren in Kafkas Erzählun-gen zu setzen. Wie bereits im Motiv der Metamorphose angesprochen, verkörpern die Frauenfiguren in den angeführten Werken nicht nur den Wunsch nach Entgrenzung und Zuflucht, sondern auch einen konfliktschürenden Gegensatz zur patriarchalischen Ge-walt. Kafka selbst akzentuiert in seinen Texten immer wieder das Fehlen einer ihm selbstlos beistehenden weiblichen Instanz. In der Verwandlung wird er sowohl von der Mutter als auch von der Schwester verraten, was mit den Aufzeichnungen im *Brief an den Vater* korrespondiert (vgl. B 479)[31].

Georg Bendemann, der Protagonist des *Urteils*, scheint die erhoffte weibliche Unter-stützung bereits in seiner Verlobten gefunden zu haben, betrachtet man die Komposition der Erzählung jedoch genauer, fallen einige Differenzen auf. Die einzigen beiden weiblichen Bezugspersonen finden sich in der verstorbenen Mutter und der abwesenden, lediglich kurz erwähnten Verlobten Georgs. Die Zimmerdame (vgl. U 19) steht in keinem emotionalen Verhältnis zu ihm, weshalb sie unter diesem Gesichtspunkt nur eine marginale Rolle einnimmt. Das größte Konfliktpotential zwischen Vater und Sohn und die expositorische Voraussetzung weiterer Spannungsentfaltung kulminiert in den beiden abwesenden Frauenfiguren, die sowohl eine erloschene Verbindung zwischen Vater und Sohn als auch einen unversöhnlichen Dualismus der beiden evozieren. Markant ist dabei, dass sich Georg während des Streitgesprächs - oder eher der verbalen Artillerie des Vaters - und dem damit einhergehenden Prozess der Regression nicht um den Schutz seiner Verlobten vor den pietätlosen Anklagen des Vaters bemüht, sondern sprachlos „in einem Winkel, möglichst weit weg vom Vater" (U 17) Deckung sucht. Die „positiven Kräfte", dargestellt durch die kürzlich eingegangene Verlobung, unterliegen schließlich, wie im Motiv der Metamorphose bereits angekündigt, den „negativen Kräften", die der Vater mit reichlicher Ironie verkörpert. Eine zweckmäßige Rettung durch die Frauenfiguren bleibt also auch im *Urteil* aus, was die Relevanz derselben als gescheitertes Exempel betont.

2. Adaption der Motivik in „Kafkas Träume"

Die literarische Komposition Franz Kafkas gehört heute zu den am häufigsten rezipierten Werken der Weltliteratur und auch fast ein Jahrhundert nach seinem Tod polarisiert der Prager Schriftsteller. Kafkas Gesamtwerk und dessen groteskes, unheimliches Profil wurden darüber hinaus vielfach in Kunst, Literatur und Musik adaptiert; so auch in der Halbballade „Kafkas Träume" der deutschsprachigen Hard-Rock-Band „Der W".
Stephan Weidner, der Verfasser des Textes, betont in einem Video den Tenor des Werkes im Hintergrund von Franz Kafkas Darstellungsform des Düsteren: „ein[ ] Text so schwer und dunkel, dass Kafka als Namensgeber herhalten musste"[32]. In der Tat stellt das Stück keine literaturwissenschaftlich getreue Adaption einzelner Werke dar, sondern eher ein Zusammenspiel verschiedener Eindrücke und Charakteristika, angelehnt an Kafkas Gesamtwerk, wobei das „Kafkaeske" freilich als Leitmotiv wiederkehrt. Obgleich ein konkreter Bezug zum Werk Kafkas von Weidner selbst nicht explizit genannt wird, finden sich einige Parallelen zu Kafkas Biographie, sowie seinen wohl bekanntesten Erzählungen *Das Urteil* und *Die Verwandlung* wieder.

Der Traum als mystische, geheimnisvolle Sphäre[33] wird in der Verwandlung bereits unmittelbar nach Erzählbeginn angeführt: „Als Gregor Samsa eines Morgens aus <u>unruhigen Träumen</u> erwachte, fand er sich in seinem Bett zu einem ungeheuren Ungeziefer verwandelt." (V 9; Herv.: L.M.). Die in der vorangegangenen Arbeit vernachlässigten Motive der Fenster, des Schmutzes und der Isolation werden im Stück Weidners ebenfalls aufgegriffen[34].

Die angestrebte, jedoch gescheiterte Rettung Kafkas beziehungsweise seiner literarischen Pendants und der Wunsch nach einer Überführung in diametrale Verhältnisse, wie im Motiv der Metamorphose dargestellt, beschreibt auch das lyrische Ich in *Kafkas Träume*. Dort heißt es: „Versuche die zu finden / Die mich retten können / Finde Flüche, Schreie, Echos / Nur keine Lobgesänge" (*Kafkas Träume* V. 5-8), was freilich auch mit den vorangegangenen Ergebnissen der Gender Studies korrespondiert. Weiterhin wird der Wunsch nach Autonomie in der zweiten Hälfte des Chorus (*Kafkas Träume* V. 21-24; V. 45-48; V. 53-56) ausgedrückt, der Begriff des Traumes ist dabei, konträr zur dritten Strophe, positiv konnotiert und steht für Zuflucht und Selbstentfaltung. Groteske Begriffspaare wie der „schwarze Regen"[35] (*Kafkas Träume* V. 39) oder die Personifikation des Abgrundes (vgl. *Kafkas Träume* V. 25f.) evozieren Unbehagen und fixieren düstere, kafkaeske Bildmotive. Wie auch in den angeführten Werken Kafkas ist die Stimmlosigkeit und schwindende Artikulationsstärke des lyrischen Ichs ein zentraler Aspekt der Deutung. So spricht das lyrische Ich „Mit müdem Mund" (*Kafkas Träume* V. 1) gänzlich ohne Assistenz der Zunge, was gar zu paradox erscheint. Überdies steht der Ausdruck „Will etwas sagen, weiß nicht wie" (*Kafkas Träume* V. 31) für die Situation Gregors, Georgs und Franz Kafkas im Bezug zu den jeweiligen Vaterfiguren. Gregor verliert, wie im Motiv der Metamorphose beschrieben, seine Artikulationsfähigkeit im Laufe der Verwandlung und auch Georg Bendemann wird von der verbalen Gewalt des Vaters in seiner Eloquenz gehemmt. Kafka selbst schrieb seinem Vater, er habe aufgrund der väterlichen Erziehung „das Reden [verlernt]" (B 470). Die Distanz zum eigenen Ich (vgl. *Kafkas Träume* V. 33-36) und die Bestrafungs- beziehungsweise Todesphantasien[36] des lyrischen Ichs (vgl. *Kafkas Träume* V. 40; 29f.) konvergieren mit den jeweiligen Protagonisten des *Urteils* und der *Verwandlung* wie im Motiv der Strafe beschrieben. Dabei wird auch das Doppelleben Kafkas[37] zwischen seiner Existenz als Schriftsteller und seinem Beruf kenntlich (vgl. *Kafkas Träume* V. 33f.). Die Ambivalenz des Traummotivs innerhalb des Stücks reflektiert zugleich auch den Geisteszustand des lyrischen Ichs. Positiv konnotiertes Freiheitspathos der zweiten Chorushälfte steht dem „schlimmsten Traum" (*Kafkas Träume* V. 12) kontradiktorisch gegenüber und verleiht dem Werk so sein melancholisches, schwermütig kafkaeskes Gewand. *Kafkas Träume* stilisiert einen literarischen Grundtypus und schafft so nicht nur einen Bezug zum Werk des Schriftstellers, sondern bietet dem Leser auch die Möglichkeit zur Identifikation. Weidner selbst spricht von einer „Möglichkeit der Verarbeitung und Bewusstwerdung"[38].

Abschließendes Urteil und Fazit

Die Ergebnisse der Arbeit zeigen, dass die einzelnen Motive in den angeführten Werken *Das Urteil* und *Die Verwandlung* in enger Verflechtung zueinander stehen und sich in der Komposition des Autors zu einem homogenen Element der Diegese zusammenfügen. Die Ausführung zeigt zudem, dass im Bezug auf biographische Einflüsse des Prager Schriftstellers alle hier angeführten Motive im innerfamiliären Vater-Sohn-Konflikt kulminieren. Die Darstellung des hilflos aufbegehrenden Sohnes gegen die väterliche Gewalt ist der wohl zentralste Aspekt in Kafkas literarischen und biographischen Zeugnissen und nimmt in dieser Arbeit die Funktion des wichtigsten Bereiches der Motivik ein. Gewissermaßen stellt die motivische Gestaltung in Kafkas Prosa einen Entwicklungsverlauf dar, der das Werk in seiner Basis bereits definiert.

Obgleich der hier aufgezeigte biographische Bezug zu Kafkas Texten in der Forschungsliteratur bereits ausführlich erörtert wurde, ist es dennoch notwendig, zwischen Autor und Werk zu unterscheiden. Literatur ist zumeist ein Produkt subjektiver Empfindungen, die unabhängig von der eigentlichen Intention des Autors das Werk unter bestimmten Aspekten repräsentieren können. Der als Referenz hinzugezogene *Brief an den Vater* ist ein parteiisches Dokument Franz Kafkas und darf daher nicht als Objektivation der familiären Verhältnisse, sondern als Tendenz und Hinweis derselben aufgefasst werden.

Franz Kafkas künstlerische Darstellungsform und deren einzigartiger Charakter beeinflussen auch heute noch die moderne Literatur und (Sub-)Kultur. Stephan Weidner greift in seinem Werk *Kafkas Träume* die Essenz der Kafka'schen Darstellungskunst auf und verknüpft dabei ferner die Motivik des *Urteils* und der *Verwandlung* mit dessen Biographie, wodurch das Werk den Grundtypus des Kafkaesken und Melancholischen angemessen wiedergibt und somit eine gelungene Adaption darstellt.

Der W – Kafkas Träume

Mit müdem Mund
Wörter bastelnd
Ich rede
Ohne die Zunge zu bewegen

5 Versuche die zu finden
Die mich retten können
Finde Flüche, Schreie, Echos
Nur keine Lobgesänge

Wirrwarr und Durcheinander
10 Betreten den Raum
Dicht gefolgt von Wehmut
Und meinem schlimmsten Traum

Ich sammelte Müll
Pisse und Dreck
15 Mir scheint ich habe ihre Schatten
Ewig mitgeschleppt

Welche Tränen
Warum vergossen
Ich will allein sein, vergessen
20 Den Schnee von gestern eingeschlossen

In meinem Traum
In dem der Wind mich trägt
Werde ich frei sein, und das sein
Wonach sich meine Seele sehnt

25 Ich starre in den Abgrund
Der Abgrund starrt zurück
Ich hab mich wie ein Narr
Mit Trübsal bedrückt

An einem Tag wie diesem
30   Will ich mein Blut vergießen
Will etwas sagen, weiß nicht wie
Nur dunkle Elegie

Ich leb mich auseinander
Werd mir selbst zur Frage
35   Außerstande
Zu mir ja zu sagen

In fensterlosen Räumen
Dunkler als in Kafkas Träumen
Draußen schwarzer Regen
40   Könnte mir selbst in die Fresse treten

Welche Tränen
Warum vergossen
Ich will allein sein, vergessen
Den Schnee von gestern eingeschlossen

45   In meinem Traum
In dem der Wind mich trägt
Werde ich frei sein, und das sein
Wonach sich meine Seele sehnt

Welche Tränen
50   Warum vergossen
Ich will allein sein, vergessen
Den Schnee von gestern eingeschlossen

In meinem Traum
In dem der Wind mich trägt
55   Werde ich frei sein, und das sein
Wonach sich meine Seele sehnt

Endnotenapparat

[1] Vgl. dazu F. Kafka, Die Verwandlung, mit Kommentar von H. Kuhn, S. 23; S. 49, im Folgenden mit „V" abgekürzt.

[2] Vgl. auch M. Schmitz-Emans, Epoche – Werk – Wirkung, S. 174.

[3] Vgl. dazu H. Kuhn, Kommentar zu „Die Verwandlung", S. 133, Abs. 1.

[4] Vgl. auch M. Schmitz-Emans, Epoche – Werk – Wirkung, S. 173f.

[5] Aus F. Kafka, Das Urteil, S. 12, im Folgenden mit „U" abgekürzt.

[6] „Ich bin nicht mehr kräftig genug, mein Gedächtnis läßt nach, ich habe nicht mehr den Blick für alle die vielen Sachen. Das ist erstens der Ablauf der Natur, und zweitens hat mich der Tod unseres Mütterchens viel mehr niedergeschlagen als dich." (U 13). Hier ordnet sich der Vater dem Sohn scheinbar unter und drückt zugleich zum ersten Mal eine Konkurrenz der beiden um die Gunst der Mutter aus.

[7] Vgl. dazu H. Binder, Motiv und Gestaltung, S. 125f.

[8] Nach der Erhebung des Vaters ist der Anteil Georgs an der verbalen Kommunikation auf ein Minimum beschränkt.

[9] Vgl. auch M. Schmitz-Emans, Epoche – Werk – Wirkung, S. 161f.

[10] Aus F. Kafka, Gesammelte Werke, S. 492, im Folgenden mit „B" abgekürzt.

[11] Vgl. dazu T. Pelster, Lektüreschlüssel „Brief an den Vater" und „Das Urteil", S. 14.

[12] Vgl. z.B. Schicksale Battus' und Lichas', die beide in Stein verwandelt wurden oder die Legende des Actaeon, der von der Göttin Diana als Strafe, da er sie unbekleidet gesehen hat, in einen Hirsch verwandelt wurde.

[13] Aus: M. Schmitz-Emans, Epoche – Werk – Wirkung, S. 170, Abs. 2.

[14] Vgl. dazu M. Schmitz-Emans, Epoche – Werk – Wirkung, S. 170, Abs. 2.

[15] Die Novelle bespiegelt die Liaison des jungen Severin von Kusiemski und Wanda von Dunajew, die sich in einem masochistischen Unterwerfungspathos Severins und der absoluten Dominanz Wandas niederschlägt. Kernaspekte der Handlung stellen unter anderem sowohl positiv als auch negativ konnotierter Schmerz, die (Selbst-)Bestrafungsphantasien Severins und die Disharmonie zwischen Liebe beziehungsweise Abhängigkeit und Submission dar. Wandas Abkehr von der Monogamie führt gleichsam zur Desillusion Severins, wodurch der Konflikt schließlich aufgelöst wird.
Vgl. dazu: D. Strigl, Die heikle Balance von Fetisch und Furcht, in FALTER Nr. 41, 2013, nachzulesen in:
cms.falter.at/falter/rezensionen/buecher/?issue_id=501&item_id=9783596905546.

[16] Vgl. auch M. Schmitz-Emans, Epoche – Werk – Wirkung, S. 182.

[17] Vgl. dazu B. Neumann, Editorial, in figurationen Nr. 01/2011, nachzulesen in: figurationen.ch/hefte/masochismus/editorial.

[18] Vgl. auch M. Schmitz-Emans, Epoche – Werk – Wirkung, S. 176, Abs. 2.

[19] Aus H. Binder, Motiv und Gestaltung, S. 350.

[20] Vgl. auch H. Binder, Motiv und Gestaltung, S. 350, Bezug Gregor Samsa.

[21] Vgl. dazu T. Pelster, Lektüreschlüssel „Brief an den Vater" und „Das Urteil", S. 83.

[22] Auch hier wird eine Selbstbestrafungsphantasie, ausgelöst durch Schuld, dargestellt. Der Vater ist sowohl in den angeführten Erzählungen als auch für Kafka selbst die für das Schuldbewusstsein verantwortliche Instanz.

[23] Nach H. Kuhn, Kommentar zu „Die Verwandlung", S. 83, Abs. 1.

[24] So auch C. Kanz, Kafkas „Das Urteil" aus gendertheoretischer Perspektive, S. 162.

[25] Vgl. auch T. Pelster, Lektüreschlüssel „Brief an den Vater" und „Das Urteil", S. 71.

[26] Vgl. auch M. Schmitz-Emans, Epoche – Werk – Wirkung, S. 177.

[27] Es wäre möglich, der ersten Entwicklungsphase noch die ursprüngliche Überlegenheit des Vaters *vor* seinem geschäftlichen Niedergang voranzustellen. Der Text rekurriert jedoch fast ausschließlich auf die familiäre Konstellation, nachdem Gregor die Position des Versorgers bereits eingenommen hat.

[28] Nachzulesen in H. Binder, Motiv und Gestaltung, S. 350-358.

[29] Vgl. hierzu Namenssymbolik Mephistos in Goethes „Faust. Eine Tragödie." und in „Rumpelstilzchen" der Brüder Grimm: Das Wissen über den Namen einer Figur verleiht einem zugleich auch Macht über diese.

[30] Vgl. dazu T. Pelster, Lektüreschlüssel „Brief an den Vater" und „Das Urteil", S. 13.

[31] Vgl. dazu M. Schmitz-Emans, Epoche – Werk – Wirkung, S. 179.

[32] Aus Der W – Radioshow; youtube.com/watch?v=frBQqDpiCZw, min. 5:38.

[33] Vgl. dazu H. Binder, Motiv und Gestaltung, S. 116-118.

[34] Motiv der Isolation: vgl. *Kafkas Träume* V. 19; V. 37, vgl. dazu M. Schmitz-Emans in Epoche – Werk – Wirkung, S. 73.
Motiv der Fenster: vgl. *Kafkas Träume* V. 37, vgl. *Die Verwandlung* S.9; S.14: In beiden Werken stellen die Fenster einen den Bezug zur Außenwelt dar und drücken einen Freiheitswunsch des lyrischen Ichs beziehungsweise Protagonisten aus.
Motiv des Schmutzes: vgl. *Kafkas Träume* V. 13f., vgl. dazu H. Binder, Motiv und Gestaltung, S. 354.

[35] Die schwarze Farbe steht hier symbolisch für den Tod, während der Regen das Leben verkörpert. Ein „getrübtes Leben" in unmittelbarer Nähe zum Tod führen sowohl Franz Kafka selbst als auch die Handlungsträger der angeführten Erzählungen. Weiterhin steht das Begriffspaar für den Kontrast zwischen Schmutz und Reinheit, Hell und Dunkel und die im Motiv der Strafe erwähnte Dualität von Gut und Böse.

[36] Vgl. dazu T. Pelster, Lektüreschlüssel „Brief an den Vater" und „Das Urteil", S. 27.

[37] Vgl. dazu M. Schmitz-Emans, Epoche – Werk – Wirkung, S. 59.

[38] Aus Der W – Radioshow; youtube.com/watch?v=frBQqDpiCZw, min. 7:17.

Bibliographie

Primärliteratur:

Kafka, Franz: Das Urteil. Eine Geschichte Für F. 2002. Stuttgart: Reclam, 2016.

Kafka, Franz: Die Verwandlung. Mit einem Kommentar von Heribert Kuhn. 1999.
Frankfurt am Main: Suhrkamp, 2017. Suhrkamp BasisBibliothek.

Kafka, Franz: Gesammelte Werke. 2012. Köln: Anaconda, 2014.

Sekundärliteratur:

Binder, Hartmut: Motiv und Gestaltung bei Franz Kafka. In: Abhandlungen zur
Kunst-, Musik- und Literaturwissenschaft, Bd. 37. Hrsg. von Herbert Grundmann.
Bonn: Bouvier Verlag, 1987.

Kanz, Christine: Gender Studies. Differente Männlichkeiten. Kafkas *Das Urteil* aus
gendertheoretischer Perspektive. In: Kafkas »Urteil« und die Literaturtheorie. Zehn
Modellanalysen. Hrsg. von Oliver Jahraus und Stefan Neuhaus. Stuttgart: Reclam,
2016, S. 152-175.

Pelster, Theodor: Franz Kafka. Brief an den Vater / Das Urteil. In: Lektüreschlüssel
für Schülerinnen und Schüler, Reclams Universal-Bibliothek Nr. 15395. Hrsg. von Phi-
lipp Reclam. Stuttgart: Reclam, 2011.

Schmitz-Emans, Monika: Franz Kafka. Epoche – Werk – Wirkung. In: Arbeitsbücher
zur Literaturgeschichte. Hrsg. von Wilfried Barner und Gunter E. Grimm. München:
C.H. Beck, 2010.

Internetquellen:

Neumann, Barbara: Editorial. In: figurationen. Nr. 01/2011. Unter: figuratio-nen.ch/hefte/masochismus/editorial. (abgerufen am 22.05.2017).

Strigl, Daniela: Die heikle Balance von Fetisch und Furcht. In: FALTER. Nr. 41/2013. Unter: cms.falter.at/falter/rezensionen/buecher/?issue_id=501&item_id=9783596905546. (zuletzt abgerufen am 22.05.2017).

Weidner, Stephan: Der W – Radioshow. Veröffentlicht am 17.08.2012. Unter: https://www.youtube.com/watch?v=frBQqDpiCZw. (zuletzt abgerufen am 23.05.2017).

Weidner, Stephan: Kafkas Träume. 2012. Unter: songtextema-nia.com/kafkas_traume_songtext_der_w.html. Orthographische Fehler der Original-quelle wurden korrigiert. (zuletzt abgerufen am 23.05.2017).